This book
Belongs to:

_____

_____

Date _____

Mon ☐ Tue ☐ Wed ☐ Thu ☐ Fri ☐ SAT ☐ SUN ☐

Date _____

Date _____

Date _____

Date _____

Mon ☐ Tue ☐ Wed ☐ Thu ☐ Fri ☐ SAT ☐ SUN ☐

Date _____

Mon ☐ Tue ☐ Wed ☐ Thu ☐ Fri ☐ SAT ☐ SUN ☐

Date _____

☐   ☐   ☐   ☐   ☐   ☐   ☐

Date _____

Date _____

Date _____

Mon Tue Wed Thu Fri SAT SUN

Date _____

Mon Tue Wed Thu Fri SAT SUN
☐   ☐   ☐   ☐   ☐   ☐   ☐

Date _____

Date _____ Mon ☐ Tue ☐ Wed ☐ Thu ☐ Fri ☐ SAT ☐ SUN ☐

Date _____

Mon Tue Wed Thu Fri SAT SUN
☐ ☐ ☐ ☐ ☐ ☐ ☐

Date _____

Date _____

Date _____

Date _____

Date _____

Date _____

Date _____

Mon ☐ Tue ☐ Wed ☐ Thu ☐ Fri ☐ SAT ☐ SUN ☐

Date _____

Date _____

Mon   Tue   Wed   Thu   Fri   SAT   SUN
☐   ☐   ☐   ☐   ☐   ☐   ☐

Date _____

Date _____

Mon ☐ Tue ☐ Wed ☐ Thu ☐ Fri ☐ SAT ☐ SUN ☐

Date _____

Mon ☐ Tue ☐ Wed ☐ Thu ☐ Fri ☐ SAT ☐ SUN ☐

Date _____

Date _____

Mon ☐ Tue ☐ Wed ☐ Thu ☐ Fri ☐ SAT ☐ SUN ☐

Date _____

Date _____

Date _____

Date _____

Date _____

Mon Tue Wed Thu Fri SAT SUN
☐ ☐ ☐ ☐ ☐ ☐ ☐

Date _____

Date _____

Date _____

Mon Tue Wed Thu Fri SAT SUN

Date _____

Mon ☐ Tue ☐ Wed ☐ Thu ☐ Fri ☐ SAT ☐ SUN ☐

Date _____

Mon Tue Wed Thu Fri SAT SUN
☐   ☐   ☐   ☐   ☐   ☐   ☐

Date _____

Date _____

Date _____

Date _____

Mon ☐ Tue ☐ Wed ☐ Thu ☐ Fri ☐ SAT ☐ SUN ☐

Date _____

Mon ☐ Tue ☐ Wed ☐ Thu ☐ Fri ☐ SAT ☐ SUN ☐

Date _____

Date _____

Mon ☐ Tue ☐ Wed ☐ Thu ☐ Fri ☐ SAT ☐ SUN ☐

Date _____

Mon ☐ Tue ☐ Wed ☐ Thu ☐ Fri ☐ SAT ☐ SUN ☐

Date _____

Date _____

Date _____   Mon Tue Wed Thu Fri SAT SUN
                         ☐   ☐   ☐   ☐   ☐   ☐   ☐

_____

_____

_____

_____

_____

_____

_____

_____

_____

_____

_____

_____

_____

_____

_____

_____

_____

_____

_____

_____

_____

_____

_____

_____

_____

_____

_____

_____

Date _____

Date _____

Date _____

Mon ☐ Tue ☐ Wed ☐ Thu ☐ Fri ☐ SAT ☐ SUN ☐

Date _____

Mon Tue Wed Thu Fri SAT SUN
☐   ☐   ☐   ☐   ☐   ☐   ☐

_____

_____

_____

_____

_____

_____

_____

_____

_____

_____

_____

_____

_____

_____

_____

_____

_____

_____

_____

_____

_____

_____

_____

_____

_____

_____

_____

_____

_____

_____

Date _____

Date _____

Mon Tue Wed Thu Fri SAT SUN
☐ ☐ ☐ ☐ ☐ ☐ ☐

Date _____

Mon ☐ Tue ☐ Wed ☐ Thu ☐ Fri ☐ SAT ☐ SUN ☐

Date _____

Date _____

Mon ☐ Tue ☐ Wed ☐ Thu ☐ Fri ☐ SAT ☐ SUN ☐

Date _____

_____
_____
_____
_____
_____
_____
_____
_____
_____
_____
_____
_____
_____
_____
_____
_____
_____
_____
_____
_____
_____
_____
_____
_____
_____
_____
_____
_____
_____
_____

Date _____

Date _____

Date _____

Date _____

Date _____

Date _____

Mon ☐ Tue ☐ Wed ☐ Thu ☐ Fri ☐ SAT ☐ SUN ☐

Date _____

Mon Tue Wed Thu Fri SAT SUN
☐   ☐   ☐   ☐   ☐   ☐   ☐

Date _____

Mon Tue Wed Thu Fri SAT SUN
☐   ☐   ☐   ☐   ☐   ☐   ☐

Date _____

Mon ☐ Tue ☐ Wed ☐ Thu ☐ Fri ☐ SAT ☐ SUN ☐

Date _____

Date _____

Date _____

Mon ☐ Tue ☐ Wed ☐ Thu ☐ Fri ☐ SAT ☐ SUN ☐

Date _____

Date _____

Mon ☐ Tue ☐ Wed ☐ Thu ☐ Fri ☐ SAT ☐ SUN ☐

Date _____

Mon ☐ Tue ☐ Wed ☐ Thu ☐ Fri ☐ SAT ☐ SUN ☐

Date _____

Date _____

Mon Tue Wed Thu Fri SAT SUN

Date _____

Mon Tue Wed Thu Fri SAT SUN
☐   ☐   ☐   ☐   ☐   ☐   ☐

Date _____

Date _____

Date _____

Mon ☐ Tue ☐ Wed ☐ Thu ☐ Fri ☐ SAT ☐ SUN ☐

Date _____

Date _____

Mon ☐ Tue ☐ Wed ☐ Thu ☐ Fri ☐ SAT ☐ SUN ☐

Date _____

Mon ☐ Tue ☐ Wed ☐ Thu ☐ Fri ☐ SAT ☐ SUN ☐

Date _____

Mon ☐ Tue ☐ Wed ☐ Thu ☐ Fri ☐ SAT ☐ SUN ☐

Date _____

Date _____

Date _____

Mon Tue Wed Thu Fri SAT SUN
☐   ☐   ☐   ☐   ☐   ☐   ☐

Date _____

Date _____

Mon ☐ Tue ☐ Wed ☐ Thu ☐ Fri ☐ SAT ☐ SUN ☐

Date _____

Date _____ Mon ☐ Tue ☐ Wed ☐ Thu ☐ Fri ☐ SAT ☐ SUN ☐

Date _____

Mon　Tue　Wed　Thu　Fri　SAT　SUN

Date _____

Date _____

Date _____

Mon ☐ Tue ☐ Wed ☐ Thu ☐ Fri ☐ SAT ☐ SUN ☐

Date _____

Date _____

Mon ☐ Tue ☐ Wed ☐ Thu ☐ Fri ☐ SAT ☐ SUN ☐

Date _____

Mon ☐ Tue ☐ Wed ☐ Thu ☐ Fri ☐ SAT ☐ SUN ☐

Date _____

Date _____

Mon □ Tue □ Wed □ Thu □ Fri □ SAT □ SUN □

Date _____

Mon ☐ Tue ☐ Wed ☐ Thu ☐ Fri ☐ SAT ☐ SUN ☐

Date _____

Date _____

Mon ☐ Tue ☐ Wed ☐ Thu ☐ Fri ☐ SAT ☐ SUN ☐

Date _____

Mon ☐ Tue ☐ Wed ☐ Thu ☐ Fri ☐ SAT ☐ SUN ☐

Date _____

Mon ☐ Tue ☐ Wed ☐ Thu ☐ Fri ☐ SAT ☐ SUN ☐

Date _____

Date _____

If you are satisfied with the book, I will be grateful if you could take a moment to submit a review.

Made in the USA
Las Vegas, NV
20 November 2023

81179006R00066